寫·藥師經

藥師佛十二大願，對應世間苦難
受持讀誦、演說書寫《藥師經》，令諸有情，所求皆得。

—— 張明明 範帖書寫 ——

本書使用方法

字安則心安，字穩則心定。

出版「寫經寫字系列」的起心動念，很單純，就是給自己一段時間好好寫字，感受筆落紙上，在一筆一畫中重新回歸身心的安定力量。

惶惶不安有時，焦慮難耐有時，疫情天災更放大了不安穩與不確定，當你感到混亂的時候，就來寫字吧。

寫什麼都可以，從寫經入手，為的是在專心摹寫的過程裡，可以收斂自己紛雜的心緒，可以在呼吸落筆之間收束意念，修習定的工夫。

時至今日，寫經除了傳統概念上的「抄經以利佛法流傳」的發心祈願外，不是佛教徒同樣也可以藉由寫經傳遞與人結善緣的祝福心意，無須心有罣礙。

該如何開始寫?選擇一個喜歡的版本當然是最重要的,

如果是佛教徒的話,可以遵循宗教儀軌,先沐手,端身就坐,收攝身心,默唸〈開經偈〉一遍。然後開始寫經,寫完之後再恭頌〈迴向偈〉。

若是只想單純藉由寫經來練字定心,專念一意是最重要的,字醜字美有無錯漏都不需懊惱,萬一寫錯字,只要錯字旁畫○,在空白處補上正確的字,不用塗改,繼續書寫即可。

當你想把寫經的祝福心意傳遞給他人時,可以在寫完經文之後,寫下①當天日期,②寫經人姓名,③迴向(默想傳送心意)給祝福的人,這樣就可以將你的誠懇心意圓滿表達。

本次出版的《寫・藥師經》,版本格式選擇的是二十五開本,裝幀法則採用比一般平裝書在製作上更費時費工的穿線裸背裝訂,最主要的目的是可以一百八十度完全攤平,更方便書寫,書寫時更能凝心致意。共可以書寫三遍《藥師經》。

由於古人寫經時大多連寫,不分行也不分段。為了讓大家方便掌握寫經時的節奏與唸誦,《寫・藥師經》的經文,附有句讀,並在十二大願的部分採取分段,讓大家更容易進入經本。

【關於藥師經】

《藥師經》全稱為《藥師琉璃光如來本願功德經》。

藥師佛所發十二大願，對應世間苦難，願願都是為了「能夠滿足一切眾生的所需所求」。

《藥師經》中提到，透過受持、讀誦、演說、書寫《藥師經》，可令諸有情，有求皆得。這是圓滿眾生「現法樂」的方便法門。

透過修習書寫《藥師經》，至心受持，所求皆滿。

《寫．藥師經》的範帖，採用的是漢譯本中流傳最廣，唐朝三藏法師玄奘的譯本。

一起來寫好字

張明明

手寫文字，在數位時代特別覺得有溫度。想寫一手好字，起心動念是一切的開始。動手寫，養成習慣，才能在過程中孕育熱情，持續寫下去。因為書寫工具的不同，大致可以區分為硬筆字和軟筆字。軟筆（毛筆）比起硬筆，最大的差異在於毛筆的不易控制，相對的也比較不容易上手。而硬筆便於攜帶與取得，在練習便利性上大大的加分，但無論是使用哪一種書寫工具，練習時都需要使用一些技巧來讓字寫得更好看，而這些技巧是不分軟硬筆都能共通的。

一、首先是「筆」

工欲善其事，必先利其器，選對適合的筆是寫字的第一步。方便現代人隨時可以練字的硬筆種類，常見的有鉛筆、原子筆、鋼筆、中性筆等等。選筆時優先考量的是書寫出墨順暢，大體而言：鉛筆可以表現出顏色深淺及線條粗細；原子筆最容易取得，但隨著使用時間增長，筆尖易磨損，出墨不順；中性筆出墨流暢，線條輕重容易控制，是大多數人喜愛的筆類；鋼筆使用的壽命長，不同筆尖可以寫出類似書法線條的效果。每種筆各有優缺點，多方嘗試各種筆的特性，就容易找到最適合自己的筆。

二、再來是「帖」

以古為師，以帖為宗，這是萬變不離其宗的法門。剛開始練習寫字，「選什麼字帖？從哪一種字體開始入門？」是大家最常問的問題。這個問題沒有標準答案，但無論選擇什麼，關鍵都在於：必須臨摹古帖，師古人。以古為今，先摹再臨最為上策。也就是古人云：「取法乎上，僅得其中，取法乎中，僅得其下。」記得我小時候剛練字時，科技用品不如現在發達，為了要摹古帖，還特別到照片行買了二手的幻燈片燈箱，將影印來的字帖放在燈箱上，用描摹紙摹字練習。先學其形，再學其神，最後期望達到形神兼備。適合用硬筆來練習的古帖，從「容易上手」跟「考慮硬筆字工具限制」這兩點來看，我建議的楷書臨帖首選是王羲之《樂毅論》、文徵明《落花詩冊》、趙孟頫《道德經》等，這幾本帖子結體合乎法度，筆筆交代清楚，古樸秀逸，對初學者來說是很不錯的選擇。

三、學會握筆姿勢

「指實掌虛，腕平掌豎」是書法用筆的基本大法。在今日，以硬筆執筆，指實掌虛亦是不變的法則。也就是拇指、食指，中指確實握好筆管，掌心則空隙則好像可以容下雞蛋，這樣一來就能運轉自如，無窒礙之勢。請試試看這個握筆心法，多練習幾次，應該會發現寫出來的字跟以前不一樣。

四、堅持每天寫一段時間

記得高中時期，同學都埋頭書堆，我則是每天跟毛筆相處，直至今日才感受到跟筆的感情歷久彌新。

每天抽出一段時間，把心靜下來跟筆培養感情。寫字是水磨功夫，只要願意開始練習，寫出一手好字不是妄想。字如其人，練字就是練心境，透過練字，可以感受到沉浸在其中的樂趣。

拿起筆來試試吧，期待你也能一起享受寫字的美好。

張明明老師

宜蘭人。現任職臺北市大龍國小教務主任。師事書法名家陳鏡聰先生、江育民先生。多次獲得美展書法類優選，參加當代書藝展聯展。長年抄經寫字練習不輟。

藥師瑠璃光如來本願功德經

唐三藏法師玄奘奉詔譯

如是我聞。一時。薄伽梵遊化諸國至廣嚴城。住樂音樹下。與大苾芻眾八千人俱。菩薩摩訶薩三萬六千。及國王大臣婆羅門居士天龍八部人非人等。無量大眾。恭敬圍繞。而為說法。爾時。曼殊室利法王子。承佛威神。從座而起。偏袒一肩。右膝著地。向薄伽梵。曲躬合掌。白言。世尊。惟願演說如是相類諸佛名號。及本大願殊勝功德。令諸聞者業障銷除。為欲利樂像法轉時諸有情故。爾時。世尊讚曼殊室利童子言。善哉。善哉。曼殊室利。汝以大悲。勸請我說諸佛名號。本願功德。為拔業障所纏有情。利益安樂像法轉時諸有情故。汝今諦聽。極善思維。當為汝說。曼殊室利言。唯然。願說。我等樂聞。

佛告曼殊室利東方去此過十
殑伽沙等佛土有世界名淨琉
璃佛號藥師瑠璃光如来應正
等覺明行圓滿善逝世間解無
上士調御丈夫天人師佛薄伽
梵曼殊室利彼佛世尊藥師琉
璃光如来本行菩薩道時發十

二大願令諸有情所求皆得
第一大願願我來世得阿耨多
羅三藐三菩提時自身光明熾
然照曜無量無數無邊世界以
三十二大丈夫相八十隨形莊
嚴其身令一切有情如我無異
第二大願願我來世得菩提時

身如琉璃内外明徹浄無瑕穢
光明廣大功德巍巍身善安住
燄網莊嚴過於日月幽冥衆生
悉蒙開曉隨意所趣作諸事業
第三大願願我来世得菩提時
以無量無邊智慧方便令諸有
情皆得無盡所受用物莫令衆

生有所乏少

第四大願願我来世得菩提時

若諸有情行邪道者悉令安住

菩提道中若行聲聞獨覺乘者

皆以大乘而安立之

第五大願願我來世得菩提時

若有無量無邊有情於我法中

脩行梵行一切皆令得不缺戒
具三聚戒設有毀犯聞我名已
還得清淨不墮惡趣
第六大願願我来世得菩提時
若諸有情其身下劣諸根不具
醜陋頑愚盲聾瘖瘂攣躄背僂
白癩顛狂種種病苦聞我名已

一切皆得端正黠慧諸根完具
無諸疾苦
第七大願願我来世得菩提時
若諸有情衆病逼切無救無歸
無醫無藥無親無家貧窮多苦
我之名號一經其耳衆病悉除
身心安樂家屬資具悉皆豐足

乃至證得無上菩提

第八大願願我來世得菩提時

若有女人為女百惡之所逼惱

極生厭離願捨女身聞我名已

一切皆得轉女成男具丈夫相

乃至證得無上菩提

第九大願願我来世得菩提時

令諸有情出魔罥網解脫一切
外道纏縛若墮種種惡見稠林
皆當引攝置於正見漸令修習
諸菩薩行速證無上正等菩提
第十大願願我来世得菩提時
若諸有情王法所加縛録鞭撻
繫閉牢獄或當刑戮及餘無量

灾難凌辱。悲愁煎逼。身心受苦。
若聞我名。以我福德威神力故。
皆得解脫一切憂苦。
第十一大願。願我来世得菩提
時若諸有情。饑渴所惱。為求食
故造諸惡業。得聞我名。專念受
持。我當先以上妙飲食。飽足其

身後以法味畢竟安樂而建立
之
第十二大願願我來世得菩提
時若諸有情貧無衣服蚊蝱寒
熱晝夜逼惱若聞我名專念受
持如其所好即得種種上妙衣
服亦得一切寶莊嚴具華鬘塗

香鼓樂衆伎隨心所翫皆令満
足
曼殊室利是為彼世尊藥師琉
璃光如来應正等覺行菩薩道
時所發十二微妙上願復次曼
殊室利彼世尊藥師琉璃光如
来行菩薩道時所發大願及彼

佛土。功德莊嚴。我若一劫。若一
劫餘。說不能盡。然彼佛土。一向
清淨。無有女人。亦無惡趣。及苦
音聲。琉璃為地。金繩界道。城闌
宮閣。軒窓羅網。皆七寶成。亦如
西方。極樂世界。功德莊嚴。等無
差別。於其國中。有二菩薩摩訶

薩。一名曰光徧照。二名月光徧
照。是彼無量無數菩薩衆之上
首。次補佛處。悉能持彼世尊藥
師琉璃光如來正法寶藏。是故。
曼殊室利。諸有信心善男子。善
女人等。應當願生彼佛世界。爾
時。世尊復告曼殊室利童子言。

曼殊室利有諸眾生不識善惡
惟懷貪吝不知布施及施果報
愚癡無智闕於信根多聚財寶
勤加守護見乞者来其心不喜
設不獲已而行施時如割身肉
深生痛惜復有無量慳貪有情
積集資財於其自身尚不受用

何況能與父母。妻子。奴婢。作使。及来乞者。彼諸有情。從此命終。生餓鬼界。或傍生趣。由昔人間。曾得暫聞藥師琉璃光如来名故。今在惡趣。暫得憶念彼如来名。即於念時。從彼處沒。還生人中。得宿命念。畏惡趣苦。不樂欲樂。好行惠施。讚歎施者。一切所有。悉無貪惜。漸次尚能以頭目手足。血肉。身分。施來求者。況餘財物。復次。曼殊室利。若諸有情。雖於如來受諸學處。而破尸羅。有雖不破尸羅。而破軌則。有於尸羅軌則。雖則不壞。然毀正見。

有雖不毀正見而棄多聞於佛
所說契經深義不能解了有雖
多聞而增上慢由增上慢覆蔽
心故自是非他嫌謗正法為魔
伴黨如是愚人自行邪見復令
無量俱胝有情隨大險坑此諸
有情應於地獄傍生鬼趣流轉

無窮若得聞此藥師琉璃光如
來名號便捨惡行修諸善法不
墮惡趣設有不能捨諸惡行脩
行善法墮惡趣者以彼如來本
願威力令其現前暫聞名號從
彼命終還生人趣得正見精進
善調意樂便能捨家趣於非家

如來法中受持學處無有毀犯
正見多聞解甚深義離增上慢
不謗正法不為魔伴漸次修行
諸菩薩行速得圓滿復次曼殊
室利若諸有情慳貪嫉妒自讚
毀他當墮三惡趣中無量千歲
受諸劇苦受劇苦已從彼命終

來生人間。作牛馬駝驢。恒被鞭
撻。饑渴逼惱。又常負重。隨路而
行。或得為人。生居下賤。作人奴
婢。受他驅役。恒不自在。若昔人
中。曾聞世尊藥師琉璃光如來
名號。由此善因。今復憶念。至心
皈依。以佛神力。眾苦解脫。諸根

聽利智慧多聞恒求勝法常遇
善友永斷魔罥破無明殼竭煩
惱河解脫一切生老病死憂愁
苦惱復次曼殊室利若諸有情
好喜乖離更相鬥訟惱亂自他
以身語意造作增長種種惡業
展轉常為不饒益事互相謀害

告召山林樹塚等神殺諸衆生取其血肉祭祀藥叉羅殺婆等書怨人名作其形像以惡咒術而咒詛之獸魅蠱道咒起屍鬼令斷彼命及壞其身是諸有情若得聞此藥師琉璃光如来名號彼諸惡事悉不能害一切展

轉皆起慈心利益安樂無損惱
意及嫌恨心各各歡悅於自所
受生於喜足不相侵凌互為饒
益復次曼殊室利若有四眾苾
芻苾芻尼鄔波索迦鄔波斯迦
及餘淨信善男子善女人等有
能受持八分齋戒或經一年或

復三月受持學處以此善根願生西方極樂世界無量壽佛所聽聞正法而未定者若聞世尊藥師琉璃光如來名號臨命終時有八大菩薩其名曰文殊師利菩薩觀世音菩薩大勢至菩薩無盡意菩薩寶檀華菩薩藥

王菩薩藥上菩薩彌勒菩薩是
八大菩薩乘空而来示其道路
即於彼界種種雜色衆寶華中
自然化生或有因此生於天上
雖生天上而本善根亦未窮盡
不復更生諸餘惡趣天上壽盡
還生人間或為輪王統攝四洲

威德自在安立無量百千有情
於十善道或生刹帝利婆羅門
居士大家多饒財寶倉庫盈溢
形相端正眷屬具足聰明智慧
勇健威猛如大力士若是女人
得聞世尊藥師琉璃光如來名
號至心受持於後不復更受女

身。復次。曼殊室利。彼藥師琉璃光如來得菩提時。由本願力。觀諸有情。遇衆病苦。瘦瘧。乾消。黃熱等病。或被厭魅蠱毒所中。或復短命。或時橫死。欲令是等病苦消除。所求願滿。時彼世尊入三摩地。名曰除滅一切衆生苦惱既入定已於肉髻中出大光明光中演說大陀羅尼曰南謨薄伽伐帝鞞殺社寠嚕薜琉璃鉢喇婆喝囉闍也呾陀揭多耶阿囉喝帝三藐三勃陀耶呾姪他唵鞞殺逝鞞殺逝鞞殺社三沒揭帝莎訶爾時光中說此呪

已大地震動放大光明一切衆
生病苦皆除受安隱樂曼殊室
利若見男子女人有病苦者應
當一心為彼病人常清淨澡漱
或食或藥或無蟲水咒一百八
徧與彼服食所有病苦悉皆消
滅若有所求至心念誦皆得如

是。無病延年。命終之後。生彼世
界。得不退轉。乃至菩提。是故曼
殊室利。若有男子。女人。於彼藥
師琉璃光如来。至心慇重。恭敬
供養者。常持此呪。勿令廢忘。復
次。曼殊室利。若有淨信男子。女
人。得聞藥師琉璃光如来。應正

等覺所有名號聞已誦持晨嚼
齒木澡漱清淨以諸香花燒香
塗香作眾伎樂供養形像於此
經典若自書若教人書一心受
持聽聞其義於彼法師應修供
養一切所有資身之具悉皆施
與勿令乏少如是便蒙諸佛護

念所求願滿乃至菩提爾時曼
殊室利童子白佛言世尊我當
誓於像法轉時以種種方便令
諸淨信善男子善女人等得聞
世尊藥師琉璃光如來名號乃
至睡中亦以佛名覺悟其耳世
尊若於此經受持讀誦或復為

他演說開示若自書若教人書
恭敬尊重以種種華香塗香末
香燒香花鬘瓔珞幡蓋伎樂而
為供養以五色綵作囊盛之掃
灑淨處數設高座而用安處爾
時四大天王與其眷屬及餘無
量百千天眾皆詣其所供養守

護世尊若此經寶流行之處有
能受持以彼世尊藥師琉璃光
如來本願功德及聞名號當知
是處無復橫死亦復不為諸惡
鬼神奪其精氣設已奪者還得
如故身心安樂佛告曼殊室利
如是如是如汝所說曼殊室利

若有淨信善男子。善女人等。欲供養彼世尊藥師琉璃光如來者。應先造立彼佛形像。敷清淨座。而安處之。散種種花。燒種種香。以種種幢幡莊嚴其處。七日七夜。受八分齋戒。食清淨食。澡浴香潔。著清淨衣。應生無垢濁

心無怒害心於一切有情起利
益安樂慈悲喜捨平等之心鼓
樂歌讚右遶佛像復應念彼如
来本願功德讀誦此經思惟其
義演說開示隨所樂求一切皆
遂求長壽得長壽求富饒得富
饒求官位得官位求男女得男

女若復有人忽得惡夢見諸惡
相或怪鳥來集或於住處百怪
出現此人若以眾妙資具恭敬
供養彼世尊藥師琉璃光如来
者惡夢惡相諸不吉祥皆悉隱
沒不能為患或有水火刀毒懸
險惡象師子虎狼熊羆毒蛇惡

蠍蜈蚣蚰蜒蚊虻等佈若能至
心憶念彼佛恭敬供養一切怖
畏皆得解脫若他國侵擾盜賊
反亂憶念恭敬彼如來者亦皆
解脫復次曼殊室利若有淨信
善男子善女人等乃至盡形不
事餘天唯當一心歸佛法僧受

持禁戒若五戒十戒菩薩四百
戒苾芻二百五十戒苾芻尼五
百戒於所受中或有毀犯怖墮
惡趣若能專念彼佛名號恭敬
供養者必定不受三惡趣生或
有女人臨當產時受於極苦若
能志心稱名禮讚恭敬供養彼

如来者。眾苦皆除。所生之子。身分具足。形色端正。見者歡喜。利根聰明。安隱少病。無有非人奪其精氣。爾時。世尊告阿難言。如我稱揚彼世尊藥師琉璃光如来所有功德。此是諸佛甚深行處。難可解了。汝為信不。阿難白

言大德世尊我於如来所説契
經不生疑惑所以者何一切如
來身語意業無不清淨世尊此
日月輪可令墮落妙高山王可
使傾動諸佛所言無有異也世
尊有諸衆生信根不具聞説諸
佛甚深行處作是思惟云何但

念藥師琉璃光如來一佛名號。
便獲爾所功德勝利。由此不信。
還生誹謗。彼於長夜失大利樂。
墮諸惡趣。流轉無窮。佛告阿難。
是諸有情。若聞世尊藥師琉璃
光如來名號。至心受持。不生疑
惑墮惡趣者。無有是處。阿難。此

是諸佛甚深所行難可信解汝
今能受當知皆是如来威力阿
難一切聲聞獨覺及未登地諸
菩薩等皆悉不能如實信解唯
除一生所繫菩薩阿難人身難
得於三寶中信敬尊重亦難可
得聞世尊藥師琉璃光如來名

號。復難於是。阿難。彼藥師琉璃光如來。無量菩薩行。無量善巧方便。無量廣大願。我若一劫。若一劫餘而廣說者。劫可速盡。彼佛行願。善巧方便。無有盡也。爾時。眾中有一菩薩摩訶薩。名曰救脫。即從座起。偏袒右肩。右膝著地曲躬合掌而白佛言大德世尊像法轉時有諸眾生為種種患之所困厄長病羸瘦不能飲食喉脣乾燥見諸方暗死相現前父母親屬朋友知識啼泣圍繞然彼自身臥在本處見琰魔使引其神識至於琰魔法王

之前然諸有情有俱生神隨其
所作若罪若福皆具書之盡持
授與琰魔法王爾時彼王推問
其人計算所作隨其罪福而處
斷之時彼病人親屬知識若能
為彼歸依世尊藥師琉璃光如
來請諸衆僧轉讀此經然七層

之燈懸五色續命神旛或有是處彼識得還如在夢中明了自見或經七日或二十一日或三十五日或四十九日彼識還時如從夢覺皆自憶知善不善業所得果報由自證見業果報故乃至命難亦不造作諸惡之業

是故浄信善男子善女人等皆
應受持藥師琉璃光如来名號
隨力所能恭敬供養爾時阿難
問救脫菩薩曰善男子應云何
恭敬供養藥師琉璃光
如來續命旛燈復云何造救脫
菩薩言大德若有病人欲脫病

苦當為其人七日七夜受持八
分齋戒應以飲食及餘資具隨
力所辦供養苾芻僧晝夜六時
禮拜行道供養彼世尊藥師琉
璃光如來讀誦此經四十九遍
然四十九燈造彼如來形像七
軀一一像前各置七燈一一燈

量大如車輪乃至四十九日光
明不絕造五色綵旛長四十九
褶手應放雜類衆生至四十九
可得過度危厄之難不為諸橫
惡鬼所持復次阿難若剎帝利
灌頂王等災難起時所謂人衆
疾疫難他國侵逼難自界叛逆

難星宿變怪難日月薄蝕難非
時風雨難過時不雨難彼剎帝
利灌頂王等爾時應於一切有
情起慈悲心赦諸繫閉依前所
說供養之法供養彼世尊藥師
琉璃光如來由此善根及彼如
来本願力故令其國界即得安

隱風雨順時穀稼成熟一切有
情無病歡樂於其國中無有暴
惡藥叉等神惱有情者一切惡
相皆即隱沒而刹帝利灌頂王
等壽命色力無病自在皆得增
益阿難若帝后妃主儲君王子
大臣輔相中宮綵女百官黎庶

為病所苦及餘厄難亦應造立
五色神旛然燈續明放諸生命
散雜色花燒衆名香病得除愈
衆難解脫爾時阿難問救脫菩
薩言善男子云何已盡之命而
可增益救脫菩薩言大德汝豈
不聞如来說有九橫死耶是故

勸造續命旛燈修諸福德以脩
福故盡其壽命不經苦患阿難
問言九橫云何救脫菩薩言若
諸有情得病雖輕然無醫藥及
看病者設復遇醫授以非藥實
不應死而便橫死又信世間邪
魔外道妖孽之師妄說禍福便

生怨動心不自正卜問覓禍殺
種種眾生解奏神明呼諸魍魎
請乞福祐欲冀延年終不能得
愚癡迷惑信邪倒見遂令橫死
入於地獄無有出期是名初橫
二者橫被王法之所誅戮三者
畋獵嬉戲耽淫嗜酒放逸無度

橫為非人奪其精氣四者橫為
火焚五者橫為水溺六者橫為
種種惡獸所噉七者橫墮山崖
八者橫為毒藥厭禱咒詛起屍
鬼等之所中害九者饑渴所困
不得飲食而便橫死是為如来
略説橫死有此九種其餘復有

無量諸横難可具説復次阿難
彼琰魔王主領世間名籍之記
若諸有情不孝五逆破辱三寶
壞君臣法毀於信戒琰魔法王
随罪輕重考而罰之是故我今
勸諸有情然燈造幡放生修福
令度苦厄不遭衆難爾時衆中

有十二藥叉大將俱在會坐所
謂宮毘羅大將伐折羅大將迷
企羅大將安底羅大將頞你羅
大將珊底羅大將因達羅大將
波夷羅大將摩虎羅大將真達
羅大將招杜羅大將毘羯羅大
將此十二藥叉大將一一各有

七千藥叉以為眷屬同時舉聲白佛言世尊我等今者蒙佛威力得聞世尊藥師琉璃光如來名號不復更有惡趣之怖我等相率皆同一心乃至盡形歸佛法僧誓當荷負一切有情為作義利饒益安樂隨於何等村城

國邑空閑林中若有流布此經
或復受持藥師琉璃光如来名
號恭敬供養者我等眷屬衛護
是人皆使解脫一切苦難諸有
願求悉令満足或有疾厄求度
脫者亦應讀誦此經以五色縷
結我名字得如願已然後解結

爾時世尊讚諸藥叉大将言善
哉善哉大藥叉将汝等念報世
尊藥師琉璃光如來恩德者常
應如是利益安樂一切有情爾
時阿難白佛言世尊當何名此
法門我等云何奉持佛告阿難
此法門名說藥師琉璃光如来

本願功德亦名說十二神將饒
益有情結願神咒亦名拔除一
切業障應如是持時薄伽梵說
是語已諸菩薩摩訶薩及大聲
聞國王大臣婆羅門居士天龍
藥叉健達縛阿素洛揭路荼緊
捺洛莫呼洛伽人非人等一切

大衆。聞佛所說。皆大歡喜。信受
奉行。
藥師佛瑠璃如來本願功德經

藥師瑠璃光如來本願功德經

唐三藏法師玄奘奉詔譯

如是我聞。一時。薄伽梵遊化諸
國至廣嚴城。住樂音樹下。與大
苾芻眾八千人俱。菩薩摩訶薩
三萬六千。及國王大臣婆羅門
居士天龍八部人非人等。無量

大衆。恭敬圍繞。而為說法。爾時。
曼殊室利法王子。承佛威神。從
座而起。偏袒一肩。右膝著地。向
薄伽梵。曲躬合掌。白言。世尊。惟
願演說如是相類諸佛名號。及
本大願殊勝功德。令諸聞者業
障銷除。為欲利樂像法轉時諸

有情故。爾時。世尊讚曼殊室利童子言。善哉。善哉。曼殊室利。汝以大悲。勸請我說諸佛名號。本願功德。為拔業障所纏有情。利益安樂像法轉時諸有情故。汝今諦聽。極善思維。當為汝說。曼殊室利言。唯然。願說。我等樂聞。

佛告曼殊室利。東方去此。過十
殑伽沙等佛土。有世界名淨琉
璃。佛號藥師琉璃光如來。應。正
等覺。明行圓滿。善逝。世間解。無
上士。調御丈夫。天人師。佛。薄伽
梵。曼殊室利。彼佛世尊藥師琉
璃光如來。本行菩薩道時。發十

二大願。令諸有情。所求皆得。

第一大願。願我來世得阿耨多羅三藐三菩提時。自身光明。熾然照曜無量無數無邊世界。以三十二大丈夫相。八十隨形。莊嚴其身。令一切有情。如我無異。

第二大願。願我來世得菩提時。

身如琉璃内外明徹浄無瑕穢
光明廣大功德巍巍身善安住
燄網莊嚴過於日月幽冥衆生
悉蒙開曉隨意所趣作諸事業
第三大願願我来世得菩提時
以無量無邊智慧方便令諸有
情皆得無盡所受用物莫令衆

生有所乏少。第四大願。願我来世得菩提時。若諸有情行邪道者。悉令安住菩提道中。若行聲聞獨覺乘者。皆以大乘而安立之。第五大願。願我來世得菩提時。若有無量無邊有情。於我法中脩行梵行。一切皆令得不缺戒。
具三聚戒。設有毀犯聞我名已。
還得清淨。不墮惡趣。
第六大願。願我來世得菩提時。
若諸有情。其身下劣。諸根不具。
醜陋。頑。愚。盲。聾。瘖。瘂。攣。躄。背。僂。
白癩。顛狂。種種病苦。聞我名已。

一切皆得端正黠慧諸根完具
無諸疾苦
第七大願願我来世得菩提時
若諸有情衆病逼切無救無歸
無醫無藥無親無家貧窮多苦
我之名號一經其耳衆病悉除
身心安樂家屬資具悉皆豐足

乃至證得無上菩提。

第八大願。願我來世得菩提時。若有女人。為女百惡之所逼惱。極生猒離。願捨女身。聞我名已。一切皆得轉女成男。具丈夫相。乃至證得無上菩提。

第九大願。願我来世得菩提時。

令諸有情出魔罥網解脫一切
外道纏縛若墮種種惡見稠林
皆當引攝置於正見漸令修習
諸菩薩行速證無上正等菩提
第十大願願我来世得菩提時
若諸有情王法所加縛錄鞭撻
繫閉牢獄或當刑戮及餘無量

災難凌辱。悲愁煎逼。身心受苦。若聞我名。以我福德威神力故。皆得解脫一切憂苦。第十一大願。願我来世得菩提時若諸有情。饑渴所惱。為求食故造諸惡業。得聞我名。專念受持。我當先以上妙飲食。飽足其

身後以法味畢竟安樂而建立
之
第十二大願願我来世得菩提
時若諸有情貧無衣服蚊蝱寒
熱晝夜逼惱若聞我名專念受
持如其所好即得種種上妙衣
服亦得一切寶莊嚴具華鬘塗

香鼓樂衆伎随心所翫皆令满足

曼殊室利是為彼世尊藥師琉璃光如来應正等覺行菩薩道時所發十二微妙上願復次曼殊室利彼世尊藥師琉璃光如来行菩薩道時所發大願及彼

佛土功德莊嚴我若一劫若一
劫餘說不能盡然彼佛土一向
清淨無有女人亦無惡趣及苦
音聲琉璃為地金繩界道城闌
宮閣軒窗羅網皆七寶成亦如
西方極樂世界功德莊嚴等無
差別於其國中有二菩薩摩訶

薩。一名日光徧照。二名月光徧
照。是彼無量無數菩薩眾之上
首。次補佛處。悉能持彼世尊藥
師琉璃光如來正法寶藏。是故。
曼殊室利。諸有信心善男子。善
女人等。應當願生彼佛世界。爾
時。世尊復告曼殊室利童子言。

曼殊室利有諸衆生不識善惡
惟懷貪吝不知布施及施果報
愚癡無智闕於信根多聚財寶
勤加守護見乞者來其心不喜
設不獲已而行施時如割身肉
深生痛惜復有無量慳貪有情
積集資財於其自身尚不受用

何況能與父母妻子奴婢作使
及来乞者彼諸有情從此命終
生餓鬼界或傍生趣由昔人間
曾得暫聞藥師琉璃光如来名
故今在惡趣暫得憶念彼如来
名即於念時從彼處沒還生人
中得宿命念畏惡趣苦不樂欲

樂好行惠施讚歎施者一切所
有悉無貪惜漸次尚能以頭目
手足血肉身分施來求者況餘
財物復次曼殊室利若諸有情
雖於如來受諸學處而破尸羅
有雖不破尸羅而破軌則有於
尸羅軌則雖則不壞然毀正見

有雖不毀正見而棄多聞於佛
所說契經深義不能解了有雖
多聞而增上慢由增上慢覆蔽
心故自是非他嫌謗正法為魔
伴黨如是愚人自行邪見復令
無量俱胝有情墮大險坑此諸
有情應於地獄傍生鬼趣流轉

無窮若得聞此藥師琉璃光如
來名號便捨惡行修諸善法不
墮惡趣設有不能捨諸惡行脩
行善法墮惡趣者以彼如来本
願威力令其現前暫聞名號從
彼命終還生人趣得正見精進
善調意樂便能捨家趣於非家

如來法中受持學處無有毀犯
正見多聞解甚深義離增上慢
不謗正法不為魔伴漸次修行
諸菩薩行速得圓滿復次曼殊
室利若諸有情慳貪嫉妬自讚
毀他當墮三惡趣中無量千歲
受諸劇苦受劇苦已從彼命終

來生人間。作牛馬駝驢。恆被鞭
撻。饑渴逼惱。又常負重。隨路而
行。或得為人。生居下賤。作人奴
婢。受他驅役。恆不自在。若昔人
中。曾聞世尊藥師琉璃光如來
名號。由此善因。今復憶念。至心
皈依。以佛神力。眾苦解脫。諸根

聽利智慧多聞恆求勝法常遇
善友永斷魔罥破無明殼竭煩
惱河解脫一切生老病死憂愁
苦惱復次曼殊室利若諸有情
好喜乖離更相鬥訟惱亂自他
以身語意造作增長種種惡業
展轉常為不饒益事互相謀害

告召山林樹塚等神殺諸衆生
取其血肉祭祀藥叉羅殺婆等
書怨人名作其形像以惡咒術
而咒詛之猒魅蠱道咒起屍鬼
令斷彼命及壞其身是諸有情
若得聞此藥師琉璃光如来名
號彼諸惡事悉不能害一切展

轉皆起慈心利益安樂無損惱
意及嫌恨心各各歡悅於自所
受生於喜足不相侵凌互為饒
益復次曼殊室利若有四眾苾
芻苾芻尼鄔波索迦鄔波斯迦
及餘淨信善男子善女人等有
能受持八分齋戒或經一年或

復三月，受持學處，以此善根，願
生西方極樂世界無量壽佛所，
聽聞正法，而未定者，若聞世尊
藥師琉璃光如來名號，臨命終
時，有八大菩薩，其名曰，文殊師
利菩薩，觀世音菩薩，大勢至菩
薩，無盡意菩薩，寶檀華菩薩，藥

王菩薩藥上菩薩彌勒菩薩是
八大菩薩乘空而来示其道路
即於彼界種種雜色衆寶華中
自然化生或有因此生於天上
雖生天上而本善根亦未窮盡
不復更生諸餘惡趣天上壽盡
還生人間或為輪王統攝四洲

威德自在。安立無量百千有情
於十善道。或生剎帝利。婆羅門。
居士大家。多饒財寶。倉庫盈溢。
形相端正。眷屬具足。聰明智慧。
勇健威猛。如大力士。若是女人。
得聞世尊藥師琉璃光如來名
號。至心受持。於後不復更受女

身復次曼殊室利彼藥師琉璃
光如来得菩提時由本願力觀
諸有情遇衆病苦瘦瘧乾消黃
熱等病或被厭魅蠱毒所中或
復短命或時橫死欲令是等病
苦消除所求願滿時彼世尊入
三摩地名曰除滅一切衆生苦

惱既入定已於肉髻中出大光
明光中演說大陀羅尼曰南謨
薄伽伐帝鞞殺社寠嚕薜琉璃
鉢喇婆喝囉闍也怛陀揭多耶
阿囉喝帝三藐三勃陀耶怛姪
他唵鞞殺逝鞞殺逝鞞殺社三
沒揭帝莎訶爾時光中說此咒

已大地震動放大光明一切衆
生病苦皆除受安隱樂曼殊室
利若見男子女人有病苦者應
當一心為彼病人常清淨澡漱
或食或藥或無蟲水咒一百八
徧與彼服食所有病苦悉皆消
滅若有所求至心念誦皆得如

是無病延年命終之後生彼世
界得不退轉乃至菩提是故曼
殊室利若有男子女人於彼藥
師琉璃光如来至心慇重恭敬
供養者常持此呪勿令癈忘復
次曼殊室利若有淨信男子女
人得聞藥師琉璃光如来應正

等覺所有名號聞已誦持晨爵
齒木澡漱清淨以諸香花燒香
塗香作眾伎樂供養形像於此
經典若自書若教人書一心受
持聽聞其義於彼法師應修供
養一切所有資身之具悉皆施
與勿令乏少如是便蒙諸佛護

念。所求願滿。乃至菩提。爾時。曼
殊室利童子白佛言。世尊。我當
誓於像法轉時。以種種方便。令
諸淨信善男子。善女人等。得聞
世尊藥師琉璃光如來名號。乃
至睡中亦以佛名覺悟其耳。世
尊。若於此經受持讀誦。或復為

他演說開示。若自書。若教人書。恭敬尊重。以種種華香。塗香。末香。燒香。花鬘。瓔珞。幡蓋。伎樂而為供養。以五色綵。作囊盛之。掃灑淨處。敷設高座而用安處。爾時。四大天王與其眷屬。及餘無量百千天眾。皆詣其所。供養守

護。世尊。若此經寶流行。之處。有
能受持。以彼世尊藥師琉璃光
如来本願功德。及聞名號。當知
是處。無復横死。亦復不為諸惡
鬼神奪其精氣。設已奪者。還得
如故。身心安樂。佛告曼殊室利。
如是。如是。如汝所說。曼殊室利。

若有淨信善男子善女人等欲
供養彼世尊藥師琉璃光如來
者應先造立彼佛形像敷清淨
座而安處之散種種花燒種種
香以種種幢幡莊嚴其處七日
七夜受八分齋戒食清淨食澡
浴香潔著清淨衣應生無垢濁

心無怒害心於一切有情起利
益安樂慈悲喜捨平等之心鼓
樂歌讚右遶佛像復應念彼如
来本願功德讀誦此經思惟其
義演説開示隨所樂求一切皆
遂求長壽得長壽求富饒得富
饒求官位得官位求男女得男

女若復有人忽得惡夢見諸惡
相或怪鳥來集或於住處百怪
出現此人若以衆妙資具恭敬
供養彼世尊藥師琉璃光如来
者惡夢惡相諸不吉祥皆悉隱
沒不能為患或有水火刀毒懸
險惡象師子虎狼熊羆毒蛇惡

蠍蜈蚣蚰蜒蚊虻等怖若能至
心憶念彼佛恭敬供養一切怖
畏皆得解脫若他國侵擾盜賊
反亂憶念恭敬彼如來者亦皆
解脫復次曼殊室利若有淨信
善男子善女人等乃至盡形不
事餘天唯當一心歸佛法僧受

持禁戒若五戒十戒菩薩四百
戒苾芻二百五十戒苾芻尼五
百戒於所受中或有毀犯怖墮
惡趣若能專念彼佛名號恭敬
供養者必定不受三惡趣生或
有女人臨當產時受於極苦若
能志心稱名禮讚恭敬供養彼

如来者。眾苦皆除。所生之子。身
分具足。形色端正。見者歡喜。利
根聰明。安隱少病。無有非人奪
其精氣。爾時。世尊告阿難言。如
我稱揚彼世尊藥師琉璃光如
来所有功德。此是諸佛甚深行
處。難可解了。汝為信不。阿難白

言、大德世尊、我於如来所說契
経、不生疑惑、所以者何、一切如
來身語意業、無不清浄、世尊此
日月輪可令墮落、妙高山王可
使傾動諸佛所言、無有異也、世
尊、有諸衆生、信根不具、聞說諸
佛甚深行處作是思惟、云何但

念藥師琉璃光如來一佛名號。
便獲爾所功德勝利。由此不信。
還生誹謗。彼於長夜。失大利樂。
墮諸惡趣。流轉無窮。佛告阿難。
是諸有情。若聞世尊藥師琉璃
光如來名號。至心受持。不生疑
惑墮惡趣者。無有是處。阿難。此

是諸佛甚深所行難可信解汝
今能受當知皆是如来威力阿
難一切聲聞獨覺及未登地諸
菩薩等皆悉不能如實信解唯
除一生所繫菩薩阿難人身難
得於三寶中信敬尊重亦難可
得聞世尊藥師琉璃光如來名

號復難於是阿難彼藥師琉璃
光如來無量菩薩行無量善巧
方便無量廣大願我若一劫若
一劫餘而廣說者劫可速盡彼
佛行願善巧方便無有盡也爾
時眾中有一菩薩摩訶薩名曰
救脫即從座起偏袒右肩右膝

著地曲躬合掌而白佛言大德
世尊像法轉時有諸眾生為種
種患之所困厄長病羸瘦不能
飲食喉脣乾燥見諸方暗死相
現前父母親屬朋友知識啼泣
圍繞然彼自身臥在本處見琰
魔使引其神識至於琰魔法王

之前然諸有情有俱生神隨其
所作若罪若福皆具書之盡持
授與琰魔法王爾時彼王推問
其人計算所作隨其罪福而處
斷之時彼病人親屬知識若能
為彼歸依世尊藥師琉璃光如
來請諸眾僧轉讀此經然七層

之燈懸五色續命神旛或有是處彼識得還如在夢中明了自見或經七日或二十一日或三十五日或四十九日彼識還時如從夢覺皆自憶知善不善業所得果報由自證見業果報故乃至命難亦不造作諸惡之業

是故净信善男子善女人等皆
應受持藥師琉璃光如来名號
隨力所能恭敬供養爾時阿難
問救脱菩薩曰善男子應云何
恭敬供養彼世尊藥師琉璃光
如來續命旛燈復云何造救脱
菩薩言大德若有病人欲脱病

苦當為其人七日七夜受持八
分齋戒應以飲食及餘資具隨
力所辦供養苾芻僧晝夜六時
禮拜行道供養彼世尊藥師琉
璃光如来讀誦此經四十九遍
然四十九燈造彼如来形像七
軀一一像前各置七燈一一燈

量大如車輪乃至四十九日光
明不絕造五色綵旛長四十九
褶手應放雜類眾生至四十九
可得過度危厄之難不為諸橫
惡鬼所持復次阿難若剎帝利
灌頂王等災難起時所謂人眾
疾疫難他國侵逼難自界叛逆

難星宿變怪難日月薄蝕難非
時風雨難過時不雨難彼剎帝
利灌頂王等爾時應於一切有
情起慈悲心赦諸繫閉依前所
說供養之法供養彼世尊藥師
琉璃光如來由此善根及彼如
来本願力故令其國界即得安

隱風雨順時穀稼成熟一切有
情無病歡樂於其國中無有暴
惡藥叉等神惱有情者一切惡
相皆即隱沒而刹帝利灌頂王
等壽命色力無病自在皆得增
益阿難若帝后妃主儲君王子
大臣輔相中宮綵女百官黎庶

為病所苦及餘厄難亦應造立
五色神旛然燈續明放諸生命
散雜色花燒衆名香病得除愈
衆難解脫爾時阿難問救脫菩
薩言善男子云何已盡之命而
可增益救脫菩薩言大德汝豈
不聞如来說有九橫死耶是故

勸造續命旛燈修諸福德以脩
福故盡其壽命不經苦患阿難
問言九橫云何救脫菩薩言若
諸有情得病雖輕然無醫藥及
看病者設復遇醫授以非藥實
不應死而便橫死又信世間邪
魔外道妖孽之師妄說禍福便

生恐動心不自正卜問覓禍殺
種種眾生解奏神明呼諸魍魎
請乞福祐欲冀延年終不能得
愚癡迷惑信邪倒見遂令橫死
入於地獄無有出期是名初橫
二者橫被王法之所誅戮三者
畋獵嬉戲耽淫嗜酒放逸無度

横為非人奪其精氣四者横為
火焚五者横為水溺六者横為
種種惡獸所噉七者横墮山崖
八者横為毒藥厭禱咒詛起屍
鬼等之所中害九者饑渴所困
不得飲食而便横死是為如来
略説横死有此九種其餘復有

無量諸橫難可具說復次阿難
彼琰魔王主領世間名籍之記
若諸有情不孝五逆破辱三寶
壞君臣法毀於信戒琰魔法王
随罪輕重考而罰之是故我今
勸諸有情然燈造幡放生修福
令度苦厄不遭衆難爾時衆中

有十二藥叉大將俱在會坐所
謂宮毘羅大將伐折羅大將迷
企羅大將安底羅大將頞你羅
大將珊底羅大將因達羅大將
波夷羅大將摩虎羅大將真達
羅大將招杜羅大將毘羯羅大
將此十二藥叉大將一一各有

七千藥叉以為眷屬同時舉聲
白佛言世尊我等今者蒙佛威
力得聞世尊藥師琉璃光如來
名號不復更有惡趣之怖我等
相率皆同一心乃至盡形歸佛
法僧誓當荷負一切有情為作
義利饒益安樂隨於何等村城

國邑空閑林中若有流布此經
或復受持藥師琉璃光如来名
號恭敬供養者我等眷屬衛護
是人皆使解脫一切苦難諸有
願求悉令滿足或有疾厄求度
脫者亦應讀誦此經以五色縷
結我名字得如願已然後解結

爾時世尊讚諸藥叉大将言善
哉善哉大藥叉将汝等念報世
尊藥師琉璃光如來恩德者常
應如是利益安樂一切有情爾
時阿難白佛言世尊當何名此
法門我等云何奉持佛告阿難
此法門名説藥師琉璃光如来

本願功德亦名說十二神將饒
益有情結願神咒亦名拔除一
切業障應如是持時薄伽梵說
是語已諸菩薩摩訶薩及大聲
聞國王大臣婆羅門居士天龍
藥叉健達縛阿素洛揭路荼緊
捺洛莫呼洛伽人非人等一切

大衆。聞佛所說。皆大歡喜。信受
奉行。

藥師佛瑠璃如來本願功德經

藥師瑠璃光如來本願功德經

唐三藏法師玄奘奉詔譯

如是我聞。一時。薄伽梵遊化諸國至廣嚴城。住樂音樹下。與大苾芻眾八千人俱。菩薩摩訶薩三萬六千。及國王大臣婆羅門居士天龍八部人非人等。無量大眾。恭敬圍繞。而為說法。爾時。
曼殊室利法王子。承佛威神。從
座而起。偏袒一肩。右膝著地。向
薄伽梵。曲躬合掌。白言。世尊。惟
願演說如是相類諸佛名號。及
本願殊勝功德。令諸聞者業
障銷除。為欲利樂像法轉時諸

有情故爾時世尊讚曼殊室利
童子言善哉善哉曼殊室利汝
以大悲勸請我說諸佛名號本
願功德為拔業障所纏有情利
益安樂像法轉時諸有情故汝
今諦聽極善思維當為汝說曼
殊室利言唯然願說我等樂聞

佛告曼殊室利。東方去此。過十
殑伽沙等佛土。有世界名淨琉
璃。佛號藥師琉璃光如來。應。正
等覺。明行圓滿。善逝。世間解。無
上士。調御丈夫。天人師。佛。薄伽
梵。曼殊室利。彼佛世尊藥師琉
璃光如來。本行菩薩道時。發十

二大願。令諸有情。所求皆得。
第一大願。願我來世得阿耨多
羅三藐三菩提時。自身光明。熾
然照曜無量無數無邊世界。以
三十二大丈夫相。八十隨形。莊
嚴其身。令一切有情。如我無異。
第二大願。願我來世得菩提時。

身如琉璃内外明徹淨無瑕穢
光明廣大功德巍巍身善安住
燄網莊嚴過於日月幽冥眾生
悉蒙開曉隨意所趣作諸事業
第三大願願我来世得菩提時
以無量無邊智慧方便令諸有
情皆得無盡所受用物莫令眾

生有所乏少

第四大願願我来世得菩提時

若諸有情行邪道者悉令安住

菩提道中若行聲聞獨覺乘者

皆以大乘而安立之

第五大願願我來世得菩提時

若有無量無邊有情於我法中

脩行梵行一切皆令得不缺戒
具三聚戒設有毀犯聞我名已
還得清淨不墮惡趣
第六大願願我来世得菩提時
若諸有情其身下劣諸根不具
醜陋頑愚盲聾瘖瘂攣躄背僂
白癩顛狂種種病苦聞我名已

一切皆得端正黠慧諸根完具
無諸疾苦
第七大願願我来世得菩提時
若諸有情眾病逼切無救無歸
無醫無藥無親無家貧窮多苦
我之名號一經其耳眾病悉除
身心安樂家屬資具悉皆豐足

乃至證得無上菩提。
第八大願。願我來世得菩提時。
若有女人。為女百惡之所逼惱。
極生猒離。願捨女身。聞我名已。
一切皆得轉女成男。具丈夫相。
乃至證得無上菩提。
第九大願。願我来世得菩提時。

令諸有情。出魔罥網。解脫一切
外道纏縛。若墮種種惡見稠林。
皆當引攝。置於正見。漸令修習
諸菩薩行。速證無上正等菩提。
第十大願。我來世得菩提時。
若諸有情。王法所加。縛錄鞭撻。
繫閉牢獄。或當刑戮。及餘無量

灾難凌辱悲愁煎逼身心受苦
若聞我名以我福德威神力故
皆得解脫一切憂苦
第十一大願願我来世得菩提
時若諸有情饑渴所惱為求食
故造諸惡業得聞我名專念受
持我當先以上妙飲食飽足其

身。後以法味。畢竟安樂而建立
之。

第十二大願。願我来世得菩提
時。若諸有情。貧無衣服。蚊虻寒
熱。晝夜逼惱。若聞我名。專念受
持如其所好。即得種種上妙衣
服亦得一切寶莊嚴具。華鬘塗

香鼓樂衆伎隨心所翫皆令滿足

曼殊室利是為彼世尊藥師琉璃光如来應正等覺行菩薩道時所發十二微妙上願復次曼殊室利彼世尊藥師琉璃光如来行菩薩道時所發大願及彼

佛土功德莊嚴我若一劫若一
劫餘說不能盡然彼佛土一向
清淨無有女人亦無惡趣及苦
音聲琉璃為地金繩界道城闕
宮閣軒窗羅網皆七寶成亦如
西方極樂世界功德莊嚴等無
差別於其國中有二菩薩摩訶

薩一名日光徧照二名月光徧
照是彼無量無數菩薩眾之上
首次補佛處悉能持彼世尊藥
師琉璃光如来正法寶藏是故
曼殊室利諸有信心善男子善
女人等應當願生彼佛世界爾
時世尊復告曼殊室利童子言

曼殊室利有諸衆生不識善惡
惟懷貪吝不知布施及施果報
愚癡無智闕於信根多聚財寶
勤加守護見乞者来其心不喜
設不獲已而行施時如割身肉
深生痛惜復有無量慳貪有情
積集資財於其自身尚不受用

何況能與父母妻子奴婢作使
及来乞者彼諸有情從此命終
生餓鬼界或傍生趣由昔人間
曾得暫聞藥師琉璃光如来名
故今在惡趣暫得憶念彼如来
名即於念時從彼處沒還生人
中得宿命念畏惡趣苦不樂欲

樂好行惠施讚歎施者一切所
有悉無貪惜漸次尚能以頭目
手足血肉身分施來求者況餘
財物復次曼殊室利若諸有情
雖於如來受諸學處而破尸羅
有雖不破尸羅而破軌則有於
尸羅軌則雖則不壞然毀正見

有雖不毀正見而棄多聞於佛
所說契經深義不能解了有雖
多聞而增上慢由增上慢覆蔽
心故自是非他嫌謗正法為魔
伴黨如是愚人自行邪見復令
無量俱胝有情墮大險坑此諸
有情應於地獄傍生鬼趣流轉

無窮。若得聞此藥師琉璃光如
來名號。便捨惡行。修諸善法。不
墮惡趣。設有不能捨諸惡行。脩
行善法。墮惡趣者。以彼如来本
願威力。令其現前暫聞名號。從
彼命終。還生人趣。得正見精進
善調意樂。便能捨家。趣於非家。

如來法中受持學處無有毀犯
正見多聞解甚深義離增上慢
不謗正法不為魔伴漸次修行
諸菩薩行速得圓滿復次曼殊
室利若諸有情慳貪嫉妬自讚
毀他當墮三惡趣中無量千歲
受諸劇苦受劇苦已從彼命終

來生人間。作牛馬駝驢。恆被鞭
撻。饑渴逼惱。又常負重。隨路而
行。或得為人。生居下賤。作人奴
婢。受他驅役。恆不自在。若昔人
中。曾聞世尊藥師琉璃光如來
名號。由此善因。今復憶念。至心
皈依。以佛神力。眾苦解脫。諸根

聰利智慧多聞恆求勝法常遇
善友永斷魔罥破無明殼竭煩
惱河解脫一切生老病死憂愁
苦惱復次曼殊室利若諸有情
好喜乖離更相鬥訟惱亂自他
以身語意造作增長種種惡業
展轉常為不饒益事互相謀害

告召山林樹塚等神殺諸眾生
取其血肉祭祀藥叉羅殺婆等
書怨人名作其形像以惡咒術
而咒詛之猒魅蠱道咒起屍鬼
令斷彼命及壞其身是諸有情
若得聞此藥師琉璃光如来名
號彼諸惡事悉不能害一切展

轉皆起慈心。利益安樂。無損惱
意及嫌恨心。各各歡悅。於自所
受生於喜足。不相侵凌。互為饒
益。復次。曼殊室利。若有四眾。苾
芻。苾芻尼。鄔波索迦。鄔波斯迦。
及餘淨信善男子。善女人等。有
能受持八分齋戒。或經一年。或

復三月受持學處以此善根願
生西方極樂世界無量壽佛所
聽聞正法而未定者若聞世尊
藥師琉璃光如來名號臨命終
時有八大菩薩其名曰文殊師
利菩薩觀世音菩薩大勢至菩
薩無盡意菩薩寶檀華菩薩藥

王菩薩藥上菩薩彌勒菩薩是
八大菩薩乘空而来示其道路
即於彼界種種雜色衆寶華中
自然化生或有因此生於天上
雖生天上而本善根亦未窮盡
不復更生諸餘惡趣天上壽盡
還生人間或為輪王統攝四洲

威德自在。安立無量百千有情
於十善道。或生刹帝利。婆羅門。
居士大家。多饒財寶。倉庫盈溢。
形相端正。眷屬具足。聰明智慧。
勇健威猛。如大力士。若是女人。
得聞世尊藥師琉璃光如來名
號。至心受持。於後不復更受女

身。復次曼殊室利。彼藥師琉璃光如来得菩提時。由本願力。觀諸有情。遇衆病苦。瘦癵。乾消。黃熱等病。或被厭魅蠱毒所中。或復短命。或時横死。欲令是等病苦消除。所求願滿。時彼世尊入三摩地。名曰除滅一切衆生苦

惱既入定已於肉髻中出大光
明光中演說大陀羅尼曰南謨
薄伽伐帝鞞殺社窶嚕薜琉璃
鉢喇婆喝囉闍也呾陀揭多耶
阿囉喝帝三藐三勃陀耶怛姪
他唵鞞殺逝鞞殺逝鞞殺社三
沒揭帝莎訶爾時光中說此呪

已。大地震動。放大光明。一切眾
生病苦皆除。受安隱樂。曇殊室
利。若見男子。女人。有病苦者。應
當一心為彼病人。常清淨澡漱。
或食。或藥。或無蟲水。咒一百八
遍。與彼服食。所有病苦悉皆消
滅。若有所求。至心念誦。皆得如

是無病延年命終之後生彼世
界得不退轉乃至菩提是故曼
殊室利若有男子女人於彼藥
師琉璃光如来至心慇重恭敬
供養者常持此呪勿令廢忘復
次曼殊室利若有淨信男子女
人得聞藥師琉璃光如来應正

等覺所有名號聞已誦持晨爵
齒木澡漱清淨以諸香花燒香
塗香作衆伎樂供養形像於此
經典若自書若教人書一心受
持聽聞其義於彼法師應修供
養一切所有資身之具悉皆施
與勿令乏少如是便蒙諸佛護

念。所求願滿。乃至菩提。爾時。曼
殊室利童子白佛言。世尊。我當
誓於像法轉時。以種種方便。令
諸淨信善男子。善女人等。得聞
世尊藥師琉璃光如來名號。乃
至睡中亦以佛名覺悟其耳。世
尊。若於此經受持讀誦。或復為

他演說開示若自書若教人書恭敬尊重以種種華香塗香末香燒香花鬘瓔珞幡蓋伎樂而為供養以五色綵作囊盛之掃灑淨處敷設高座而用安處爾時四大天王與其眷屬及餘無量百千天眾皆詣其所供養守

護世尊若此經寶流行之處有
能受持以彼世尊藥師琉璃光
如来本願功德及聞名號當知
是處無復橫死亦復不為諸惡
鬼神奪其精氣設已奪者還得
如故身心安樂佛告曼殊室利
如是如是如汝所說曼殊室利

若有淨信善男子善女人等欲
供養彼世尊藥師琉璃光如來
者應先造立彼佛形像敷清淨
座而安處之散種種花燒種種
香以種種幢幡莊嚴其處七日
七夜受八分齋戒食清淨食澡
浴香潔著清淨衣應生無垢濁

心無怒害心於一切有情起利
益安樂慈悲喜捨平等之心鼓
樂歌讚右遶佛像復應念彼如
来本願功德讀誦此經思惟其
義演說開示隨所樂求一切皆
遂求長壽得長壽求富饒得富
饒求官位得官位求男女得男

女若復有人忽得惡夢見諸惡
相或怪鳥來集或於住處百怪
出現此人若以衆妙資具恭敬
供養彼世尊藥師琉璃光如来
者惡夢惡相諸不吉祥皆悉隱
沒不能為患或有水火刀毒懸
險惡象師子虎狼熊羆毒蛇惡

蠍蜈蚣蚰蜒蚊虻等佈若能至
心憶念彼佛恭敬供養一切怖
畏皆得解脫若他國侵擾盜賊
反亂憶念恭敬彼如來者亦皆
解脫復次曼殊室利若有淨信
善男子善女人等乃至盡形不
事餘天唯當一心歸佛法僧受

持禁戒若五戒十戒菩薩四百
戒苾芻二百五十戒苾芻尼五
百戒於所受中或有毀犯怖墮
惡趣若能專念彼佛名號恭敬
供養者必定不受三惡趣生或
有女人臨當產時受於極苦若
能志心稱名禮讚恭敬供養彼

如来者衆苦皆除所生之子身
分具足形色端正見者歡喜利
根聰明安隱少病無有非人奪
其精氣爾時世尊告阿難言如
我稱揚彼世尊藥師琉璃光如
来所有功德此是諸佛甚深行
處難可解了汝為信不阿難白

言大德世尊我於如来所説契
経不生疑惑所以者何一切如
來身語意業無不清浄世尊此
日月輪可令墮落妙高山王可
使傾動諸佛所言無有異也世
尊有諸衆生信根不具聞説諸
佛甚深行處作是思惟云何但

念藥師琉璃光如來一佛名號
便獲爾所功德勝利由此不信
還生誹謗彼於長夜失大利樂
墮諸惡趣流轉無窮佛告阿難
是諸有情若聞世尊藥師琉璃
光如來名號至心受持不生疑
惑墮惡趣者無有是處阿難此

是諸佛甚深所行難可信解汝
今能受當知皆是如来威力阿
難一切聲聞獨覺及未登地諸
菩薩等皆悉不能如實信解唯
除一生所繫菩薩阿難人身難
得於三寶中信敬尊重亦難可
得聞世尊藥師琉璃光如來名

號。復難於是。阿難。彼藥師琉璃光如來。無量菩薩行。無量善巧方便。無量廣大願。我若一劫。若一劫餘而廣說者。劫可速盡。彼佛行願。善巧方便。無有盡也。爾時。眾中有一菩薩摩訶薩。名曰救脫。即從座起。偏袒右肩。右膝

著地曲躬合掌而白佛言大德
世尊像法轉時有諸眾生為種
種患之所困厄長病羸瘦不能
飲食喉脣乾燥見諸方暗死相
現前父母親屬朋友知識啼泣
圍繞然彼自身臥在本處見琰
魔使引其神識至於琰魔法王

之前然諸有情有俱生神隨其
所作若罪若福皆具書之盡持
授與琰魔法王爾時彼王推問
其人計算所作隨其罪福而處
斷之時彼病人親屬知識若能
為彼歸依世尊藥師琉璃光如
來請諸衆僧轉讀此經然七層

之燈懸五色續命神旛或有是
處彼識得還如在夢中明了自
見或經七日或二十一日或三
十五日或四十九日彼識還時
如從夢覺皆自憶知善不善業
所得果報由自證見業果報故
乃至命難亦不造作諸惡之業

是故淨信善男子善女人等皆
應受持藥師琉璃光如来名號
隨力所能恭敬供養爾時阿難
問救脫菩薩曰善男子應云何
恭敬供養彼世尊藥師琉璃光
如來續命旛燈復云何造救脫
菩薩言大德若有病人欲脫病

苦當為其人七日七夜受持八
分齋戒應以飲食及餘資具隨
力所辦供養苾芻僧晝夜六時
禮拜行道供養彼世尊藥師琉
璃光如来讀誦此經四十九遍
然四十九燈造彼如来形像七
軀一一像前各置七燈一一燈

量大如車輪乃至四十九日光
明不絕造五色綵旛長四十九
褶手應放雜類衆生至四十九
可得過度危厄之難不為諸橫
惡鬼所持復次阿難若刹帝利
灌頂王等災難起時所謂人衆
疾疫難他國侵逼難自界叛逆

難星宿變怪難日月薄蝕難非時風雨難過時不雨難彼剎帝利灌頂王等爾時應於一切有情起慈悲心赦諸繫閉依前所說供養之法供養彼世尊藥師琉璃光如來由此善根及彼如来本願力故令其國界即得安

隱風雨順時穀稼成熟一切有
情無病歡樂於其國中無有暴
惡藥叉等神惱有情者一切惡
相皆即隱沒而刹帝利灌頂王
等壽命色力無病自在皆得增
益阿難若帝后妃主儲君王子
大臣輔相中宮綵女百官黎庶

為病所苦及餘厄難亦應造立五色神旛然燈續明放諸生命散雜色花燒衆名香病得除愈衆難解脫爾時阿難問救脫菩薩言善男子云何已盡之命而可增益救脫菩薩言大德汝豈不聞如来說有九横死耶是故

勸造續命旛燈修諸福德以脩福故盡其壽命不經苦患阿難問言九橫云何救脫菩薩言若諸有情得病雖輕然無醫藥及看病者設復遇醫授以非藥實不應死而便橫死又信世間邪魔外道妖孽之師妄說禍福便

生恐動心不自正卜問覓禍殺
種種衆生解奏神明呼諸魍魎
請乞福祐欲冀延年終不能得
愚癡迷惑信邪倒見遂令橫死
入於地獄無有出期是名初橫
二者橫被王法之所誅戮三者
畋獵嬉戲耽淫嗜酒放逸無度

横為非人奪其精氣四者横為
火焚五者横為水溺六者横為
種種惡獸所啖七者横墮山崖
八者横為毒藥厭禱咒詛起屍
鬼等之所中害九者饑渴所困
不得飲食而便横死是為如来
略說横死有此九種其餘復有

無量諸横難可具說復次阿難
彼琰魔王主領世間名籍之記
若諸有情不孝五逆破辱三寶
壞君臣法毀於信戒琰魔法王
隨罪輕重考而罰之是故我今
勸諸有情然燈造幡放生修福
令度苦厄不遭衆難爾時衆中

有十二藥叉大將俱在會坐所謂宮毘羅大將伐折羅大將迷企羅大將安底羅大將頞你羅大將珊底羅大將因達羅大將波夷羅大將摩虎羅大將真達羅大將招杜羅大將毘羯魔大將此十二藥叉大將一一各有

七千藥叉以為眷屬同時舉聲
白佛言世尊我等今者蒙佛威
力得聞世尊藥師琉璃光如來
名號不復更有惡趣之怖我等
相率皆同一心乃至盡形歸佛
法僧誓當荷負一切有情為作
義利饒益安樂隨於何等村城

國邑空閑林中若有流布此經
或復受持藥師琉璃光如来名
號恭敬供養者我等眷屬衛護
是人皆使解脫一切苦難諸有
願求悉令滿足或有疾厄求度
脫者亦應讀誦此經以五色縷
結我名字得如願已然後解結

爾時世尊讚諸藥叉大將言善
哉善哉大藥叉將汝等念報世
尊藥師琉璃光如來恩德者常
應如是利益安樂一切有情爾
時阿難白佛言世尊當何名此
法門我等云何奉持佛告阿難
此法門名說藥師琉璃光如来

本願功德亦名說十二神將饒
益有情結願神咒亦名拔除一
切業障應如是持時薄伽梵說
是語已諸菩薩摩訶薩及大聲
聞國王大臣婆羅門居士天龍
藥叉健達縛阿素洛揭路荼緊
捺洛莫呼洛伽人非人等一切

大眾聞佛所說皆大歡喜信受
奉行
藥師佛瑠璃如來本願功德經

寫心經，
帶來自在無罣礙的力量

藉由專心摹寫，收斂自己紛雜的心緒，在呼吸落筆之間收束意念，修習定的工夫。

在方格框架之間寫下靜與動的平衡，心也得到了安然自在。
一筆一畫，為自己或別人祝禱祈願，豐盛自我的內在生命。
108 遍，蘊含無限的祝福與圓滿。

寫心經：108 遍己願成就版

靜心寫字，
透過筆尖進入內心安靜的宇宙

書號：EZ8101
EAN：2-28459766-001-6
頁數：224 頁
定價：250 元

【特殊裝幀設計】

- 封面採用特選〈凝雪映畫厚磅美術紙〉：紙紋細緻且保有手感的美術紙，搭配燙金工藝，呈現雅致沉靜美感。
- 穿線裸背膠裝：180 度完全攤平，每一頁都能平整展開，頁面服貼不回彈，方便書寫。
- 內頁使用 100 磅高級道林紙：易於書寫，墨不透背。適用鋼筆、原子筆、鋼珠筆、自來水筆等各種用筆。

範帖版本：唐三藏法師玄奘譯本
範帖寫作：張明明

寫心經，
帶來自在無罣礙的力量

寫心經：108 遍圓滿祝福版

虔心寫字，
透過筆尖送出內在的祝福

【A4 可撕大開本 + 隨書附贈虔心祝福信封 ×2 只】

書號：EZ8131　EAN：2-28459766-002-3

頁數：221 頁　　定價：380 元

【特殊裝幀設計】

- 封面採用特選〈 凝雪映畫厚磅美術紙〉，紙紋細緻且保有手感的美術紙，搭配燙金工藝。
- 精選 100 磅高級道林紙，容易書寫不透墨。
- 採用糊頭包邊膠手工裝幀，方便好撕不留殘膠。
- 隨書附贈【進口美術紙特製信封】，可將寫好的心經裝入，致贈祝福予他人

【贈品說明：寫心經信封】

- 尺寸：寬 12 cm× 長 23cm
- 張數：2 枚
- 紙張：風之戀美術紙
- 裝訂：特製軋型精製
- 功用：敬心寫好的心經，可以折好放入特製信封，將你的祝福傳送給他人。

範帖版本：唐三藏法師玄奘譯本

範帖寫作：張明明

寫・藥師經

作者　張明明
封面設計　莊謹銘
內頁排版　高巧怡
行銷企劃　蕭浩仰、江紫涓
行銷統籌　駱漢琦
業務發行　邱紹溢
營運顧問　郭其彬
協力編輯　周宜靜
責任編輯　林芳吟
總編輯　李亞南

出版　漫遊者文化事業股份有限公司
地址　台北市大同區重慶北路二段88號2樓之6
電話　(02) 2715-2022
傳真　(02) 2715-2021
服務信箱　service@azothbooks.com
網路書店　www.azothbooks.com
臉書　www.facebook.com/azothbooks.read
營運統籌　大雁文化事業股份有限公司
地址　新北市新店區北新路三段207-3號5樓
電話　(02) 8913-1005
傳真　(02) 8913-1056
劃撥帳號　50022001
戶名　漫遊者文化事業股份有限公司
初版一刷　2022年1月
初版四刷　2023年12月
定價　台幣280元

EAN　2-28459766-003-0